So wird's gemacht!

AF630727

Öffne das LÜK®-Kontrollgerät und lege die Plättchen in den unbedruckten Deckel. Jetzt siehst du auf den Plättchen und auf dem Geräteboden die Zahlen 1. bis 24..

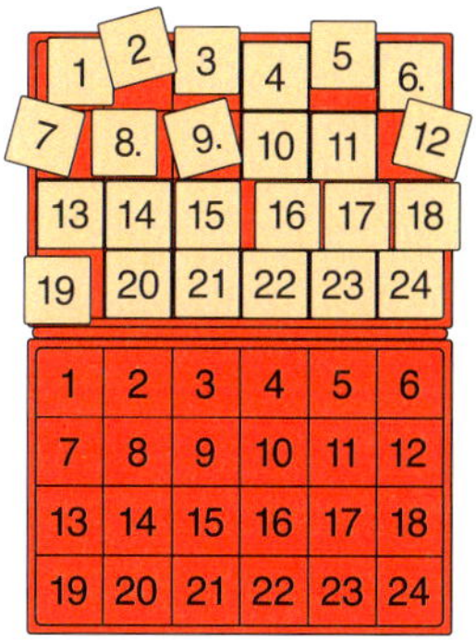

Beispiel: Seite 2

Nimm Plättchen 1. und sieh dir Aufgabe 1. an:

3€ + 2€ + 6€ =

Das Ergebnis ist **11**.

Lege also Plättchen 1. mit der Zahl nach oben auf das Feld mit der Ziffer **11** im Kontrollgerät.

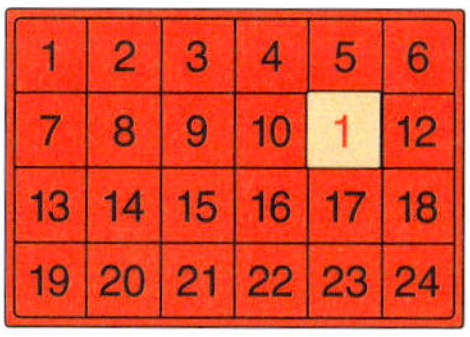

So arbeitest du weiter, bis alle Plättchen im Geräteboden liegen.

Schließe dann das Gerät und drehe es um. Öffne es von der Rückseite. Wenn du das bei der Übungsreihe abgebildete Lösungsmuster siehst, hast du alle Aufgaben richtig gelöst.

Passen einige Plättchen nicht in das Muster, dann hast du dort Fehler gemacht. Drehe diese Plättchen da, wo sie liegen um und öffne es wieder. Jetzt kannst du sehen, welche Aufgaben du falsch gelöst hast. Nimm diese Plättchen heraus und suche die richtigen Ergebnisse. Kontrolliere dann noch einmal. Stimmt jetzt das Muster?

Das System ist für alle Übungen gleich: Die roten Aufgabenziffern im Heft entsprechen immer den LÜK-Plättchen aus dem Kontrollgerät. Die Feldzahlen bei den Lösungen sagen dir, auf welche Felder im Kontrollgerät die Plättchen gelegt werden müssen.

VIEL SPASS

Wie viel Geld haben die Kinder?

1 Tini nimmt auf dem Flohmarkt nacheinander 3 Euro, 2 Euro und 6 Euro ein.

2 Malte hat sein Geld bis auf 5 Euro ausgegeben.
Er findet 2 Euro auf der Straße.

3 Mohammed hat 19 Euro. Seine Tante schenkt ihm 3 Euro.

4 Die Oma schenkt Charlotte 2 Euro. Vorher hatte Charlotte 10 Euro.

5 Beim Austragen von Zeitungen verdient Noah 5 Euro.
Von seinem Taschengeld hat er noch 11 Euro.

6 Sarah hat 3 Euro. Sie bekommt 5 Euro Taschengeld.

7 Maddy hat einen Euro. Fürs Einkaufen bekommt sie noch einen Euro.

8 Liam hat 2 Euro, seine Schwester 4 Euro. Wie viel Euro haben sie zusammen?

9 Auf dem Flohmarkt hat Duvaraka schon 14 Euro eingenommen.
Sie verkauft noch Bücher für 7 Euro.

10 10 Euro hat Mia gespart. Zum Geburtstag schenkt ihr der Opa 5 Euro.

11 Comics sind besonders gefragt. Luca nimmt 3 Euro und 2 Euro ein.

12 Jelena bekommt fürs Einkaufen 1 Euro, vorher
hatte sie ihr gesamtes Geld ausgegeben.

13 Fritzi bezahlt 15 Euro für Kopfhörer und 9 Euro für ein Buch.

2

ANTWORT = FELDZAHL

14 Für seine Modelleisenbahn kauft Gustav zwei Anhänger für 15 Euro und Kabel für 5 Euro.

15 Auf der Kirmes bezahlt Sille 5 Euro für Karusselfahrten, 3 Euro für die Geisterbahn und 2 Euro für Lose.

16 Carlo kauft für 21 Euro ein Modellflugzeug und für 2 Euro Klebstoff.

17 Lisbeth geht in den Zirkus und bezahlt 8 Euro für die Eintrittskarte, 3 Euro für das Programmheft und 2 Euro für Eis.

18 Alenas Hamster kostet 6 Euro, das Hamsterfutter 3 Euro.

19 Zu Weihnachten schenkt Mariam ihrer Schwester ein Angelspiel für 8 Euro und ihrem Bruder ein Kartenspiel für 6 Euro.

20 Beim Schulausflug kauft sich Klaus eine Currywurst für 3 Euro, einen Apfelsaft für 2 Euro, ein Eis für 2 Euro und ein Andenken für 10 Euro.

21 Simone kauft für 2 Euro Haarspangen und Murmeln für einen Euro.

22 Wilhelmina kauft eine CD für 17 Euro und Lakritze für 2 Euro.

23 Tommi kauft für sein Aquarium Wasserpflanzen für 3 Euro, Neonfische für 11 Euro und für 4 Euro Futter.

24 Nara gibt einen Euro für Schokolade, einen Euro für Eis und zwei Euro für Erdnüsse aus.

Wie viele Kinder sind auf dem Spielplatz?

1 Bei den Schaukeln ist der größte Betrieb:
4 Kinder schaukeln und 7 stehen an.

2 Raja wippt mit ihrem Bruder, 3 Kinder spielen im Sand und 2 sitzen auf der Bank.

3 7 Mädchen und Jungen spielen Fußball, drei kleine Kinder gucken aus dem Sandkasten zu.

4 Auf dem Klettergerüst sind 8 Kinder, 4 schaukeln, die Wippen sind leer.

5 Am Morgen ist der Spielplatz leer. Erst kommen zwei Kinder zum Wippen, dann kommt Hidi und geht auf die Rutsche.

6 Anna läuft ganz schnell auf dem Laufrad. Ihre zwei Schwestern, ihr kleiner Bruder und ihre 4 Freundinnen klatschen Beifall.

7 Malin steht ganz allein oben auf dem Klettergerüst.

8 3 Kinder sitzen auf dem kleinen Karussell, 2 schieben es an.

Wie viele Dosen haben die Kinder insgesamt getroffen?

9 Liselotte war in Hochform. Sie schaffte im ersten Wurf 5 Dosen, dann 3 und beim dritten Wurf noch eine.

10 Jonas war sehr enttäuscht. Zweimal daneben und dann nur vier Dosen getroffen.

11 Beim 1. Wurf 3 Dosen, dann 2 und beim 3. Wurf nur eine: Erik war mit sich nicht zufrieden.

12 „Sowas habe ich selten gesehen: Im 1. Wurf eine Dose, dann daneben und dann wieder nur eine!“

13 Die beiden Mädchen haben es den Jungen so richtig gezeigt. Ulli schaffte 12 Dosen und Nara 11.

14 Beim Mannschaftswerten schaffte Jonas 9 Dosen und Sibylle 10.

15 „7 Dosen im 1. Durchgang, 8 im 2., 6 im dritten: Naja …“

16 „Mit den ersten beiden Würfen jedes Mal alle 10 und dann noch mal 4: Wie machst du das bloß?“

Wie viele Perlen haben die Kinder aufgezogen?

17 Elif hat 5 schwarze, 4 weiße und 4 blaue Perlen aufgezogen.

18 Das Halsband von Tina besteht aus 8 silbernen und 14 schwarzen Holzperlen.

19 Yusuf hat für sein Armband 3 rote, 5 grüne und 6 gelbe Perlen gebraucht.

20 „Dein Armband ist mir zu bunt: da sind ja 2 blaue, 2 lila, 4 gelbe, 1 rote, 5 grüne und 3 rosa Perlen drauf."

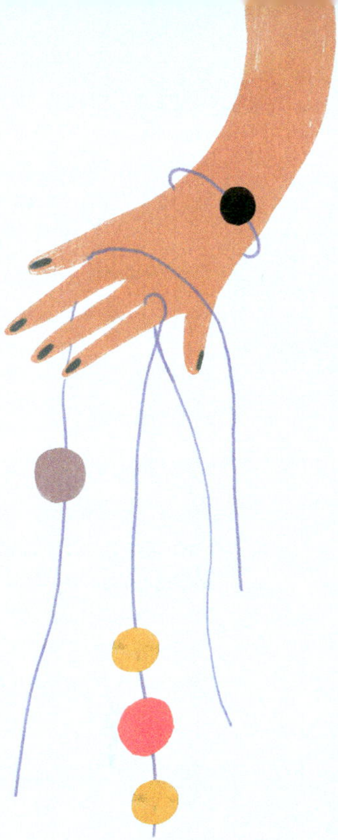

Ganz viele Spiel-Ideen!

ANTWORT = FELDZAHL

21 Die kleine Christina ist beim Auffädeln sehr geschickt. Sie hat schon 10 rote und 5 gelbe Perlen aufgezogen.

22 „Dein Halsband ist aber schön: 11 blaue und 9 weiße Perlen immer abwechselnd."

23 „Mario, deine Kette sieht aus wie die italienische Fahne: 6 rote, 6 weiße und 6 grüne Perlen."

24 „So, jetzt bin ich fertig: 7 braune und 9 gelbe Perlen, das reicht!"

Wie viel ist im Laden noch übrig?

1 Im Schaufenster liegen die letzten 10 Skihosen.
Im Winterschlussverkauf werden noch 3 verkauft.

2 Die Verkäuferin im Kiosk hat 21 Ansichtskarten vom Hafen.
Beim Ausflug der Klasse 2 a werden 12 gekauft.

3 Der Fahrradhändler hat 24 Kinderräder.
Zwölf werden in einem Monat verkauft.

4 Es gab 28 Schreibblöcke mit kleinen Fehlern im Sonderangebot.
Bisher wurden nur 8 verkauft.

5 Der Lebensmittelhändler hat noch 21 Tüten Kartoffelchips.
Jan und seine drei Freunde kaufen jeder eine.

6 Die Blumenhändlerin hat 20 Sonnenblumen und verkauft 10.

7 Der Händler hat 24 Schachteln Erdbeeren und verkauft 20.

8 Von 19 Milchtüten werden 18 verkauft.

9 Im Schreibwarengeschäft gibt es 24 gelbe Schreibmappen
mit lila Punkten. Nur Uli kauft eine.

10 Am Vormittag verkauft der Gemüsehändler 4 von 16 Melonen.
Am Nachmittag verkauft er 6 Melonen.

11 Nachdem der Verkäufer 15 Hosen
gezeigt hat, kauft der Kunde eine.

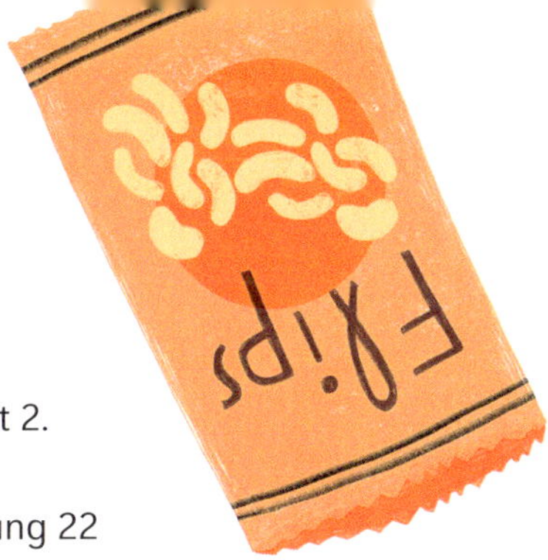

12 Im Spielwarengeschäft gibt es noch 23 Luftballons. Für ein Fest werden 20 gekauft.

13 Jonas Mutter kauft 6 der 25 Geranien.

14 In der Kiste liegen 24 Pfirsiche. Eine Frau kauft 2.

15 Der Schreibwarenhändler hat beim Schulanfang 22 Füller. Elf Kinder kaufen sich einen bei ihm.

16 Im Regal stehen noch 20 Gurkengläser. Frau Gärtner kauft 12 für ihren Vorrat.

17 In der Baumschule gibt es noch 18 Apfelbäume; drei davon kauft Leon.

18 28 prächtige Blumenkohlköpfe liegen in der Auslage. Nur 4 werden verkauft.

19 Im Geschäft liegen 19 Sofakissen zur Auswahl. Herr Berger kauft drei für seine neue Wohnung.

20 Das Sportgeschäft hatte 16 teure Bobschlitten. Nur drei Kunden haben je einen gekauft.

21 Der Obsthändler hatte 24 reife Mangos. Bis zum Ladenschluss wurden 19 verkauft.

22 Im Fahrradgeschäft gibt es 24 Klingeln mit Comic-Figuren. Enna, Carli und Jan kaufen jeder eine.

23 Im Laden gibt es 10 verschiedene Sonnenschirme. In der ersten Woche werden 8 verkauft.

24 In einer Kiste liegen 20 Salatköpfe. Frau Kahmann kauft zwei.

ANTWORT = FELDZAHL

Es wird immer weniger

ANTWORT = FELDZAHL

Die Osterferien dauern 21 Tage.
Wie viele Ferientage haben die Kinder noch?

8

1 Sophia war 17 Tage bei ihrer Freundin in Hamburg.

2 Zwei Wochen und 5 Tage war Salvatore bei seiner Oma in Italien.

3 Elias war mit seinen Eltern 16 Tage auf Mallorca.

4 18 Tage war Emilia bei ihrem Onkel.

5 Katharina war 9 Tage im Krankenhaus.

6 Die Radtour, die Felix mit seinen Freunden plant, dauert zwei Wochen und 6 Tage.

7 Yusuf war mit seiner Klasse 13 Tage im Schullandheim.

8 Elf Tage war Sibel mit dem Sportverein unterwegs.

Wie weit müssen die Kinder noch laufen?

9 Der Aussichtsturm ist 14 km entfernt. Die Kinder haben schon 8 km geschafft.

10 Die Klasse 4c ist schon 4 km gelaufen. Pause wird erst nach 15 km gemacht.

11 Von 16 Kilometern hat die Klasse 3b schon 7 geschafft.

12 Auf dem Schild steht: Olpe 9 km. Die Klasse 2b macht nach 2 km eine Pause.

13 „Puh, 24 km schaffe ich nie!“
„Das wird schon, 8 haben wir doch schon.“

14 „17 km sind ganz schön viel!“ „Und wir haben erst 3 hinter uns.“

15 Die Klasse 4a wandert 4 Tage durch die Heide. 16 km hat sie zurückgelegt. Insgesamt wollen die Kinder 34 km laufen.

16 Das Waldbad ist 20 km entfernt. Nach einer Stunde hat die Klasse 3d 5 Kilometer zurückgelegt.

DENKE DARAN: EINE WOCHE HAT SIEBEN TAGE.

Wie viele Murmeln haben die Kinder am Ende des Spiels?

17 „So ein Mist, ich habe 12 Murmeln verloren!“
„Tröste dich, du hattest doch 32.“

18 Flo hatte 44 Murmeln. Er verliert 27.

19 „Du hast heute aber schlecht gespielt!“ „Ja, leider!
18 meiner 37 Murmeln habe ich verloren.“

20 „Pech für dich, 13 Murmeln verloren!“ „Macht nichts.
Es bleiben noch genug übrig, ich hatte ja 35.“

21 Im letzten Spiel verliert Lotte noch 7 Murmeln, sie hatte 31.

22 Hidi verlor nur 3 Murmeln, sie hatte 16.

23 „12 von 33 Murmeln verloren. So schlecht habe ich noch nie gespielt!“

24 Mia war sehr traurig. Sie hatte 9 ihrer 32 Murmeln verloren.

SCHULFEST

ANTWORT = FELDZAHL

1 Anna hatte ihr Taschengeld vor dem Schulfest bis auf 3 Euro ausgegeben. Sie zahlte einen Euro fürs Sackhüpfen und kaufte sich eine Limonade. Wie viel Euro hat sie übrig?

2 Noah kauft sich eine Limonade, ein Stück Kuchen und zwei Waffeln. Wie viel Euro gibt er aus?

3 Nachdem sie 12 Pfeile geworfen hat, isst Sabine eine Kartoffelsuppe und ein Stück Kuchen. Zusammen hat sie ... Euro bezahlt.

4 Henri hat 8 Euro. Er gibt 2 Euro für Sackhüpfen und 4 Euro für Kuchen aus. Wie viel Euro behält er übrig?

5 Leon hat 6 Euro. Er macht einmal beim Sackhüpfen mit und trinkt danach eine Limonade. Jetzt hat er noch ... Euro.

6 Nach einmal Sackhüpfen und einmal Pfeilwerfen ruht sich Salvatore bei einem Stück Kuchen und einer Limo aus. Wie viel Euro hat er ausgegeben?

7 „Die erste Stunde war gut, 7 Euro eingenommen."
„In der 2. nur 4 Euro. Aber in der letzten halben Stunde immerhin 6 Euro."
Wie viel Euro sind das zusammen?

8 „Was hast du eigentlich mit deinen 15 Euro gemacht?"
„Bisher nur einmal Pfeilwerfen. Ich habe also noch ... Euro."

9 Familie Gärtner gibt 4 Euro für Waffeln, 2 Euro für Kuchen und 4 Euro für Sackhüpfen aus. Alles zusammen kostet ... Euro.

10 Gerti hat von ihren Eltern 10 Euro für das Schulfest bekommen. Nach Sackhüpfen, Dosenwerfen und Pfeilwerfen hat sie Hunger und isst eine Kartoffelsuppe. Wie viel Euro hat sie noch?

11 Herr Berger kauft für sich und seine Familie für 9 Euro Waffeln. Jans Eltern kaufen für 5 Euro Waffeln. Wie viel Euro müssen sie bezahlen?

12 „Wo sind bloß meine 30 Euro geblieben?" „Nach dem Pfeilwerfen und zweimal Dosenwerfen hast du doch eine Kartoffelsuppe gegessen, mich dazu eingeladen und dann noch ein Stück Kuchen verdrückt. Kannst dir ausrechnen, wie viel Euro dann noch bleiben!"

13 Emil kauft für sich, seine Schwester und seinen Freund je eine Waffel. Er bezahlt mit einem 10-Euro-Schein. Wie viel Euro erhält er zurück?

14 Duvaraka ist eine gute Losverkäuferin. Sie hat ihren Eltern für 6 Euro und ihrem Klassenlehrer für 5 Euro Lose verkauft. Wie viel Euro nahm sie ein?

15 Beim Dosenwerfen hat die Klasse 4a insgesamt 60 Euro eingenommen. Die Preise kosteten 38 Euro. Wie viel Euro bleiben für die Klassenkasse übrig?

16 Carla und ihre Mutter geben 6 Euro für Kaffee, Limonade und Lose aus und essen beide Kartoffelsuppe. Carlas Mutter bezahlt mit einem 20-Euro-Schein. Wie viel Euro bekommt sie zurück?

17 Die Klasse 3b hat schon 13 Euro für Kaffee und 10 Euro für Tee eingenommen. Zusammen sind das ... Euro.

18 Am Limonadenstand zählt Andrea das Geld in der Kasse. 20 Euro sind schon drin und wieder wird eine Flasche verkauft. Nun hat sie ... Euro.

19 Die Klasse 3c nimmt in zwei Stunden an ihrem Waffelstand 20 Euro ein und beim Flohmarkt 4 Euro. Wie viel Euro sind das insgesamt?

20 Darja hat von ihren 20 Euro bisher nur einen Tee gekauft. Sie hat noch ... Euro.

21 „Kartoffelsuppe, ein Los, eine Waffel, ein Stück Kuchen, Pfeilwerfen, Sackhüpfen, eine Limo, noch ein Los und zum Schluss noch zweimal Pfeilwerfen: Du hast fast nichts ausgelassen." „Hat mich auch eine Stange Geld gekostet." Wie viel Euro sind das zusammen?

22 Herr Maheswaran kauft für sich und seine Frau je zwei Kaffee und ein Stück Kuchen, für seinen Sohn Ajay eine Limonade und eine Kartoffelsuppe. Er muss ... Euro bezahlen.

23 Lisa und ihr Bruder hatten 25 Euro mit. Sie haben beide einmal Sackhüpfen gemacht, Lisa hat ein Los gekauft und ihr Bruder ein Stück Kuchen. Wie viel Euro haben sie noch?

24 Corby bezahlt seine Kartoffelsuppe mit einem 20-Euro-Schein. Dann kauft er sich zwei Lose. Wie viel Euro hat er jetzt noch?

Im Schreibwarenladen

1 „Ich brauche einen Anspitzer." Hans bezahlt mit einem 5-Euro-Schein. Wie viel Euro gibt ihm die Verkäuferin heraus?

2 Julia bezahlt den Füller und die Wasserfarben mit einem 50-Euro-Schein. Wie viel Euro bekommt sie zurück?

3 Tina kommt mit einem Füller, einem Kasten Wasserfarben und einem Zeichenblock zur Kasse. Sie bezahlt mit einem 50-Euro-Schein. Wie viel Euro bekommt sie zurück?

4 Ein Kunde hat einen Füller und eine Schere gekauft. Er bezahlt mit einem 50-Euro-Schein. Wie viel Euro bekommt er zurück?

5 Gerti bezahlt den Anspitzer und den Kugelschreiber mit einem 10-Euro-Schein. Wie viel Euro bekommt sie zurück?

6 Von jedem Teil aus dem Schaufenster wurde eins verkauft. Wie viel Euro betrug die Einnahme?

7 Frau Perrone kauft eine Schreibmappe und Filzstifte. Sie bezahlt mit einem 100-Euro-Schein. Wie viel Euro bekommt sie zurück?

8 Sarah muss einen Füller, einen Tuschkasten, eine Schreibmappe und einen Radiergummi bezahlen. Wie viel Euro sind das?

9 Dina kauft für ihren Bruder eine Schere und eine Schreibmappe. Wie viel Euro muss sie zahlen?

10 Marlene bezahlt den Tuschkasten mit einem 20-Euro-Schein Wie viel Euro bekommt sie zurück?

11 „Ich brauche eine Schere und eine Tube Klebstoff."
„Ich kaufe mir einen Kugelschreiber und ein Lineal."
Wie viel Euro müssen die Kinder zusammen bezahlen?

12 Erik kauft einen Zeichenblock, Wachsmalstifte und einen Kugelschreiber. Wie viel Euro muss er bezahlen?

13 „Einmal Filzstifte und einen Zeichenblock bitte.“
Wie viel Euro muss die Kundin bezahlen?

14 Wilhelmine muss Filzstifte, Wachsmalstifte
und ein Lineal kaufen. Wie viel Euro kostet das?

15 „Schere, Anspitzer und Lineal.
Mehr brauche ich im Moment nicht.
Wie viel Euro muss ich zahlen?“

16 Liselotte kauft sich einen Kugelschreiber, Kleber und Filzstifte.
Ihre Mutter hat ihr einen 20-Euro-Schein mitgegeben.
Wie viel Euro bekommt sie zurück?

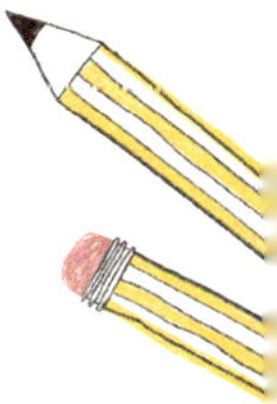

17 Paolo kauft einen Kugelschreiber, Klebstoff und einen Radiergummi.
Er bezahlt mit einem 10-Euro-Schein. Wie viel Euro bekommt er zurück?

18 Nicolai kauft seiner Schwester zum Geburtstag eine Schreibmappe
und einen Zeichenblock. Wie viel Euro muss er bezahlen?

19 „In der Mittagszeit war heute kaum etwas los! Nur ein Lineal, einen Füller und
eine Schreibmappe haben wir verkauft.“ Wie viel Euro betrug die Einnahme?

20 Sasa kauft eine Schere, Filzstifte, einen Kugelschreiber, einen Radiergummi,
einen Anspitzer und ein Lineal. Wie viel Euro muss sie bezahlen?

21 An einem Sommernachmittag wurde nur wenig verkauft:
Eine Schreibmappe, eine Schachtel Wachsmalstifte, ein Lineal, eine Tube
Klebstoff und ein Radiergummi. Wie viel Euro wurden eingenommen?

22 Jonas braucht nur einen Anspitzer und einen Radiergummi. Er bezahlt
mit einem 20-Euro-Schein. Wie viel Euro bekommt er zurück?

23 Marietta braucht für die Schule einen Füller, ein Lineal, einen Anspitzer
und einen Radiergummi. Wie viel Euro muss sie bezahlen?

24 Gustav kauft eine Schreibmappe.
Er erhält 39 Euro zurück.
Wie viel Euro hatte er der Verkäuferin gegeben?

ANTWORT = FELDZAHL

Zeit und Geld

Wie viele Tage sind das?

1 Die Osterferien dauerten ganz genau 3 Wochen.

2 Mara war 2 Wochen krank.

3 Das Frachtschiff kam nach 6 Wochen Fahrt wieder nach Hamburg zurück.

4 Die Kinder freuten sich sehr: Die Sommerferien dauerten diesmal sieben Wochen.

5 Elias hatte sich beim Fußballspielen verletzt. Er durfte 9 Wochen nicht spielen.

6 Nach vier Wochen kam Yunus von der Oma zurück.

7 Nach 5 Wochen wurde Gio von seinem Gipsarm befreit.

8 „Seit 8 Wochen übe ich jeden Tag eine halbe Stunde Klavier.“ „Toll durchgehalten!“

LÖSUNG	FELD
14 Tage	7
21 Tage	11
28 Tage	8
35 Tage	1
42 Tage	22
49 Tage	12
56 Tage	5
63 Tage	15

Wie viel Geld haben die Kinder?

GIB DEN GELDBETRAG IN CENT AN!

9 Carla sammelt 2-Centstücke.
Sie hat nach einer Woche 10 Stück.

10 Florian hat von seinem Taschengeld nur noch sieben 10-Centstücke.

11 „Mit zehn 5-Centstücken kannst du auch nicht viel anfangen."

12 „Du hast aber viele Centstücke"
„Insgesamt sind es 71."

13 „Ich dachte, ich hätte noch mehr Geld."
Amar sah enttäuscht auf seine drei 2-Centstücke.

14 „Sechs 10-Centstücke sind es immerhin noch."

15 „Vier mal zehn, dafür kriegst du nix zu sehen."
„Du mit deinen blöden 10-Centstückenreimen!"

16 „Für fünf 10-Centstücke und drei 5-Centstücke kannst du keine Taschenlampe kaufen."

LÖSUNG	FELD
6 Cent	23
20 Cent	21
40 Cent	9
50 Cent	6
60 Cent	19
65 Cent	24
70 Cent	16
71 Cent	2

... UND JETZT IN EURO!

17 „Schau: Ein Zweieurostück und fünf Fünfeuroscheine."

18 Gerda spart 10 Fünfeuroscheine und 3 Eurostücke.

19 Dana bekommt fünf Zweieurostücke zurück.

20 „Du hast aber viele Eurostücke!"
„Ich könnte sie in10-Euroscheine wechseln.
Davon bekäme ich drei und hätte noch einen Euro."

21 „Dein Turm aus Eurostücken ist ganz schön hoch."
„Wieso, es sind doch erst neun."

22 Opa sammelt im Dezember Fünfeuroscheine und schenkt Henry 13 Stück zu Weihnachten.

23 Ann hat neun Zweieurostücke und zehn 10-Centstücke.

24 „Ein Eurostück ist ganz schön schwer."
„Und ich habe zwölf davon."

LÖSUNG	FELD
9 Euro	3
10 Euro	14
12 Euro	4
19 Euro	18
27 Euro	13
31 Euro	17
53 Euro	10
65 Euro	20

Bälle, Arbeit und Fragen aus dem Alltag

Wie viele Bälle sind das?

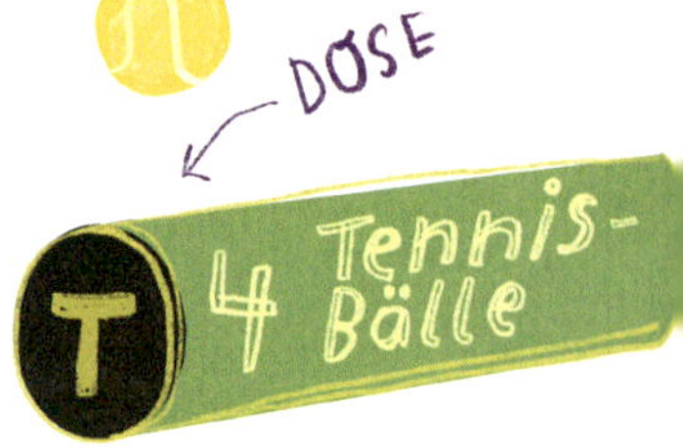

1. Im Sportgeschäft werden am Vormittag 9 Schachteln Tischtennisbälle verkauft.
2. Anneli kauft für ihre Mutter 3 Kartons Tennisbälle.
3. An einem Trainingsabend werden 7 Schachteln Tischtennisbälle verbraucht.
4. „3 Schachteln: Brauchen wir wirklich so viele Tischtennisbälle?"
5. Bei einem Tennisspiel wurden 5 Dosen Bälle verbraucht.
6. „Tennisbälle in Kartons werden gut verkauft." „Ja, heute schon 5 Kartons."
7. „Heute haben wir aber viele Tischtennisbälle kaputt gemacht." „Ja, 5 Schachteln sind leer."
8. „Wir müssen neue Tennisbälle bestellen, 13 Dosen sind schon verkauft."
9. Als Sonderangebot werden 9 Dosen Tennisbälle verkauft.

LÖSUNG	FELD
52 Bälle	14
36 Bälle	22
30 Bälle	23
27 Bälle	20
21 Bälle	21
20 Bälle	16
18 Bälle	24
15 Bälle	18
9 Bälle	19

Wie viele Stunden wird gearbeitet?

1 Arbeitstag = 8 Arbeitsstunden

10 Für eine schwierige Reparatur braucht eine Fahrradmechanikerin 3 Arbeitstage.

11 Für den Einbau einer Dusche braucht ein Klempner 2 Arbeitstage.

12 „Nun haben wir schon 7 Arbeitstage im Haus angestrichen und es ist kein Ende in Sicht."

LÖSUNG	FELD
56 Std.	17
24 Std.	15
16 Std.	13

„Ich hab da mal eine Frage ..."

13 Gustav kauft 7 Päckchen Kaugummi mit jeweils 7 Kau-Streifen. Wie viele einzelne sind das?

14 Sonderangebot: Pullis in fünf Farben! Von jeder Sorte gibt es noch 10 Stück. Wie viele sind das insgesamt?

15 „Nur noch 11 Wochen bis zu den Sommerferien." „Rechne mal aus, wie viele Tage das noch sind!"

16 „Die Hefte in Fünferpackungen gehen langsam aus." „Keine Panik, 11 Packungen sind doch noch da."

17 Eine Bäckerei hat zwei Sorten Brot und von jeder Sorte noch 17 Stück. Wie viele Brote können verkauft werden?

18 Tilly hat sich ein Regal für ihre Spiele gebastelt. In jedes der 5 Fächer passen 7 Spiele. Wie viele kann sie insgesamt unterbringen?

LÖSUNG	FELD
95	3
77	10
70	1
55	7
50	12
49	8
41	4
35	9
34	6
19	11
14	2
13	5

19 Ein Kiosk führt 13 verschiedene Tageszeitungen. Am Mittag gibt es von jeder Zeitung nur noch eine. Wie viele Zeitungen sind das noch?

20 Erik sortiert seine Murmeln. Er hat Glasmurmeln und Tonmurmeln. Von jeder Sorte hat er sieben. Wie viele Murmeln hat er insgesamt?

21 Für die 5 Klassen einer Grundschule werden jeweils 8 LÜK-Geräte gekauft. Die Schule erhält noch ein Gerät gratis. Wie viele Geräte erhält die Schule?

22 „Diese Kerzen werden nur in Zweierpackungen abgegeben." „Dann nehme ich 10 Packungen, obwohl ich dann eine Kerze zuviel habe." Wie viele Kerzen braucht der Kunde?

23 Eine Schule hat für jede der 7 Klassen 10 Spiele gekauft. Wie viele Spiele hat die Schule?

24 Die neuen Schulbücher waren jeweils zu fünft verpackt. Eine Schule bekam 19 solcher Packungen. Wie viele Bücher bekam sie?

Wir teilen!

1	Heute gibt es 12 Stück Kuchen. Das Paar hat 2 Kinder. Wie viel Stück Kuchen kann jeder essen?	2	13	3	7	4	24
2	Dino wechselt einen 10-Euroschein in 2-Eurostücke. Wie viele Geldstücke bekommt er?	5	9	10	3	20	9
3	Ada wechselt einen 20-Euroschein in 5-Euroscheine. Wie viele bekommt sie?	2	3	4	24	5	18
4	Amal braucht Eurostücke. Wie viele bekommt er für ein 2-Eurostück eingewechselt?	1	14	2	20	4	1
5	„Ich kann die 4 Lose mit meinen 3 Schwestern teilen!“ Wie viele Lose bekommt jedes Kind?	4	10	3	11	1	17
6	„Teil doch deine 12 Bonbons mit mir.“ „Na gut.“ Wie viele Bonbons bekommt jeder?	6	22	4	18	3	16
7	Im Sportclub sind 32 Kinder. Es werden 4 Teams gebildet. Wie viele Kinder sind in jedem Team?	4	8	6	6	8	15
8	Beim Training sind 28 Spielerinnen. Es werden 4 Mannschaften für ein kurzes Turnier gebildet. Wie viele Spielerinnen sind in jeder Mannschaft?	4	21	7	13	14	7
9	Beim Kinderturnen sind 36 Kinder. Sie werden in Riegen zu je 9 eingeteilt. Wie viele Riegen sind es?	4	11	9	4	6	12

10 Der Lebensmittelhändler hat 60 Pfirsichkonserven bestellt. Sie sind in Kartons zu je 6 verpackt. Wie viele Kartons erhält der Händler?
6 **4** 8 **17** 10 **6**

11 Im Geschäft werden 100 frische Eier in 10 Kartons angeliefert. Wie viele Eier sind in einem Karton?
10 **2** 5 **3** 1 **4**

12 Emil hat zum Geburtstag 6 Freunde eingeladen. Sein Vater hat 49 Mini-Muffins eingekauft. Wie viele bekommt jeder?
5 **19** 6 **8** 7 **4**

13 72 Orangen werden in Netze gepackt. In jedes Netz kommen 8 Orangen. Wie viele Netze werden gefüllt?
8 **5** 9 **19** 12 **4**

14 An 5 Kinder werden 35 Kaugummis verteilt. Wie viele bekommt jedes?
5 **16** 6 **22** 7 **21**

15 6 Kinder blasen für das Schulfest 48 Luftballons auf. Wie viele Luftballons muss jedes Kind aufblasen?
8 **23** 7 **9** 6 **11**

16 Anna und ihre 4 Brüder haben sich insgesamt 50 Karamellbonbons gemacht und verteilen sie gleichmäßig untereinander. Wie viele bekommt jeder?
4 **6** 5 **10** 10 **8**

17 Duvaraka und Uli wollen ihrem Vater zu Weihnachten Schreibpapier für 12 Euro schenken. Wie viel Euro muss jedes Mädchen sparen?
3 **24** 4 **15** 6 **3**

18 Massimo teilt eine Tafel Schokolade mit 32 Stücken mit seinen 3 Freunden. Wie viele Stücke sind für jeden da?
8 **12** 4 **5** 3 **14**

19 Vier Bleistifte kosten 8 Euro. Wie viel Euro kostet einer?
4 **17** 2 **16** 1 **13**

20 Fritzi hat von ihrer Tante 5 Euro bekommen. Sie will sich dafür große Murmeln kaufen. Eine Murmel kostet 1 Euro. Wie viele Murmeln bekommt sie?
5 **1** 6 **2** 4 **23**

21 Frau Grimm kauft für ihre 3 Balkonkästen 15 Geranien. Wie viele Geranien kommen in jeden Balkonkasten?
3 **7** 4 **21** 5 **5**

22 In einer Tannenschonung werden 60 Tannen in 6 Reihen gepflanzt. Wie viele Tannen stehen in jeder Reihe?
6 **15** 8 **12** 10 **10**

23 Sechs Schreibblöcke kosten 12 Euro. Wie viel Euro kostet einer?
1 **20** 2 **14** 6 **19**

24 Eine Kiste Pfirsiche, die vier Kilo wiegt, kostet 12 Euro. Wie viel Euro kostet ein Kilo Pfirsiche?
3 **18** 4 **23** 2 **22**

1 Euro =
100 Cent!

20 Noch mehr Teilungen

1	Emmi bekommt für die Klassenfahrt 21 Euro Taschengeld von ihren Eltern. Die Fahrt dauert 7 Tage, Wie viel Euro kann sie jeden Tag ausgeben?	3	19	7	18	4	24
2	Yusuf fährt 4 Wochen in die Türkei. Er hat 36 Euro gespart. Wie viel Euro kann er jede Woche ausgeben?	4	1	6	16	9	21
3	„In den ersten zwei Wochen habe ich schon 18 Euro ausgegeben." Wie viel Euro sind das in einer Woche?	2	17	9	24	6	15
4	Bei den Tennismeisterschaften erhält Malte als Balljunge für eine Woche 70 Euro. Wie viel Euro erhält er für 1 Tag?	7	9	8	15	10	8
5	Siri hat 3 Stunden auf das Kleinkind der Nachbarin aufgepasst und dafür 6 Euro bekommen. Wie viel Euro sind das für eine Stunde?	1	24	2	5	3	19
6	Eine Kaugummikugel kostet 10 Cent. Frieda hat noch 90 Cent. Wie viele Kugeln bekommt sie dafür?	10	6	9	22	8	10
7	1.000 g frischer Ahornsirup kostet 20 Euro. Wie viel Euro kosten 100 Gramm?	2	15	5	19	10	7
8	Eine Kiste mit 7 Tulpenzwiebeln kostet 14 Euro. Wie viel Euro kostet eine?	1	21	2	13	7	22
9	4 Stifte kosten 2 Euro. Wie viel Cent kostet einer?	50	11	100	7	75	17
10	„Sieh mal, 10 Filzschreiber für zehn Euro." „Das ist ja ein sagenhafter Stückpreis!" Wie viel Euro?	3	16	2	21	1	18
11	„4 Tennisbälle für acht Euro!" „Ich könnte mir genau einen kaufen. Wie viel Euro habe ich?"	1	8	2	2	4	24
12	„Wollen sie nicht auch eine Zweierpackung Unterhemden für 12 Euro kaufen?" „Nein, danke, der Stückpreis ist mir zu hoch." Wie viel Euro kostet ein Unterhemd?	3	18	4	20	6	16
13	Ivo teilt seine 18 Bonbons mit seinen zwei Schwestern. Wie viele Bonbons bekommt jedes Kind?	6	7	5	8	4	9
14	„Ihr müsst die Kaugummis gerecht unter euch aufteilen," sagte die Mutter zu ihren 4 Kindern und gab ihnen 20 Kaugummis. Wie viele Kaugummis gab es für jeden?	4	5	5	9	6	14

15 Lena hat 72 Murmeln in 8 Farben. Von jeder Farbe hat sie gleich viele. Wie viele Murmeln hat sie von jeder Farbe?

7 **22** 8 **6** 9 **23**

16 Mara hat einen hohen Turm mit Bauklötzen gebaut. In jede Schicht kommen 3 Klötze. 21 Klötze hat sie noch. Um wie viele Schichten kann sie den Turm noch erhöhen?

7 **20** 3 **1** 5 **5**

17 Beim Geburtstag sind 8 Kinder. Es gibt 48 Preise zu gewinnen. Wie viele Preise bekommt jedes Kind, wenn alle gleich oft gewinnen?

8 **23** 6 **3** 4 **11**

18 Can hat mit seinen 3 Freunden insgesamt 32 Papierblumen gebastelt. Sie teilen sie unter sich auf. Wie viele bekommt jeder?

6 **2** 8 **12** 4 **11**

19 Claire und Umi haben für ihre elektrische Eisenbahn 24 gebogene Schienen bekommen. Mit 8 Schienen können sie einen Kreis bauen. Wie viele Kreise werden das?

3 **4** 4 **14** 2 **13**

20 Saftflaschen gibt es in Kisten zu 6 Stück. Der Kioskbesitzer bestellt 54 Flaschen Saft. Wie viele Kisten?

6 **3** 4 **4** 9 **1**

21 Ein Fuhrunternehmer hat einen Autotransporter, auf den 8 Pkw passen. Er soll 64 Autos transportieren. Wie viele Fahrten muss er machen?

6 **10** 8 **17** 10 **12**

22 Auf einem Eisenbahnwaggons können 2 Lkw transportiert werden. Insgesamt sollen 20 Lkw verladen werden. Wie viele Waggons werden gebraucht?

2 **13** 10 **10** 20 **2**

23 In ein Regalfach des Lebensmittelladens passen 9 Tafeln Schokolade, 81 Tafeln müssen einsortiert werden. Wie viele Fächer werden gefüllt?

9 **14** 10 **23** 7 **3**

24 „Wer meinen Rasen mäht, bekommt 12 Euro." Amalia, Liselotte und Henry teilen sich die Arbeit. Wie viel Euro bekommt jeder?

3 **12** 2 **5** 4 **6**

Wie viel Cent sind das?

1 

2 

3 

LÖSUNG	FELD
115 Cent	18
350 Cent	3
402 Cent	1

→ Denke daran:
1 Euro (€) =
100 Cent (ct)

Wie viel Euro sind das?

4 

5 

6 

LÖSUNG	FELD
1 Euro	23
4 Euro	14
3 Euro	16

Wandle Cent in Euro um!

7 944 Cent

8 231 Cent

9 77 Cent

10 550 Cent

11 788 Cent

12 32 Cent

LÖSUNG	FELD
0,32 Euro	8
0,77 Euro	5
2,31 Euro	21
5,50 Euro	12
7,88 Euro	10
9,44 Euro	19

Beispiel:
360 Cent = 3,60 Euro
80 Cent = 0,80 Euro

13 Wie viele 2-Centstücke hat Ante gesammelt? Er tauscht sie ein und erhält einen Euro.

14 Herr Nguyen braucht Kleingeld für den Fahrscheinautomaten. Er bekommt einen 5-Euroschein, sechs 2-Eurostücke und drei Eurostücke. Welchen Schein hat er gewechselt?

15 Timo wechselt seine 50-Centstücke in einen Geldschein. Welchen Schein erhält er für 20 Geldstücke?

16 „Mir fehlen nur noch 22 Euro, dann habe ich 100 zusammen.“ „Du hast aber schon viel gespart!“ Wie viel?

17 Mia hat 18 Euro Taschengeld. Es soll noch 3 Wochen reichen. Wie viel kann sie jede Woche ausgeben?

18 „Wenn ich acht Wochen lang jeweils 3 Euro spare, kann ich mir endlich das schöne T-Shirt kaufen.“ Wie teuer ist es?

19 Familie Rixe bestellt im Gartenlokal 4 große Eisbecher zu 7 Euro. Frau Rixe bezahlt mit einem 50-Euroschein. Wie viel bekommt sie zurück?

Auf Euro und Cent

20 Familie Kaiser zahlt jeden Monat 100 Euro für Strom. Wie viel ist das in einem Jahr?

21 In der Buchhandlung wird abends die Tageseinnahme gezählt: zwei 100-Euroscheine, vier 50-Euroscheine und insgesamt 68,40 Euro an Münzen. Wie viel Geld wurde eingenommen?

22 Dominik plant eine 8-tägige Radtour. Er rechnet je Tag mit Ausgaben von 20 Euro. Wie viel Geld muss er mitnehmen?

23 „Ich möchte gern die 600 Euro in 50-Euroscheinen.“ Wie viele Scheine erhält der Bankkunde?

24 Nastasja, Yannik und Thea teilen sich die Einnahmen vom Flohmarkt. Sie haben 39,60 Euro eingenommen. Wie viel bekommt jeder?

LÖSUNG	FELD
6 Euro	7
10-Euro-Schein	17
12 Scheine	22
13,20 Euro	24
20-Euro-Schein	13
22 Euro	20
24 Euro	6
50 Stücke	15
78 Euro	4
160 Euro	2
468,40 Euro	11
1200 Euro	9

Wie viel Gramm fehlen noch zu einem Kilogramm?

1. 425 g
2. 718 g
3. 400 g
4. 11 g
5. 2 g
6. 817g
7. 397 g
8. 912 g

LÖSUNG	FELD
88 g	13
183 g	21
282 g	22
575 g	19
600 g	24
603 g	16
989 g	20
998 g	17

Wie viel Kilogramm fehlen noch zu einer Tonne?

9. 97 kg
10. 88 kg
11. 1 kg
12. 67 kg
13. 44 kg
14. 313 kg
15. 871 kg
16. 649 kg

LÖSUNG	FELD
129 kg	11
351 kg	8
687 kg	10
903 kg	23
912 kg	18
933 kg	15
956 kg	7
999 kg	14

→ **Denke daran:**
1 Tonne (t) =
1000 Kilogramm (kg)
1 Kilogramm (kg) =
1 000 Gramm (g)

Schwere Sachen

17 „Eigenartig, ich wiege 90 Kilo und du nur genau die Hälfte, obwohl du fast so groß bist wie ich.“ Wie viel kg wiegt der kleinere Junge?

18 „Ein halbes Kilo Tomaten und ein halbes Kilo Äpfel, bitte.“ Wie viel Gramm muss Frau Spadolino nach Hause tragen?

19 100 Gramm Käse kosten 1,20 Euro. Frau Gabric kauft 400 Gramm. Wie viel Euro muss sie bezahlen?

20 Yuri sagt zu seinem Freund: „Wenn ich jedes Jahr 5 Kilo zunehme, wiege ich in 12 Jahren 100 Kilo.“ Wie viel kg wiegt Yuri jetzt schon?

21 „125 Gramm Johannisbeeren, 250 Gramm Kokosnuss und 150 Gramm Spinat, bitte.“ Wie viel Gramm hat Emma insgesamt eingekauft?

22 In das neue Auto von Meiers dürfen 475 kg zugeladen werden. Herr Meier wiegt 80 kg. Frau Meier 55 kg, die beiden Kinder zusammen 64 kg. Wie viel kg Gepäck dürfen sie noch mitnehmen?

23 Eine volle Sprudelflasche wiegt ein Kilo. 12 Flaschen sind in einer Kiste. Die Kiste wiegt 1000 g. Wie viel kg wiegt die volle Sprudelkiste?

24 Damaris wiegt 64 Kilo, ihr Fahrrad 11 Kilo. Manchmal nimmt sie ihren Sohn Faber mit, der 14 kg wiegt. Wie viel kg muss sie dann insgesamt bewegen?

LÖSUNG	FELD
4,80 Euro	3
13 kg	2
40 kg	1
45 kg	4
89 kg	6
276 kg	9
525 g	5
1000 g	12

Beispiel:
Es ist 3 Uhr 12

Wie viel Uhr ist es?

LÖSUNG	FELD
2 Uhr 11	18
6 Uhr 02	2
7 Uhr 24	16
9 Uhr 38	11
11 Uhr 56	13
12 Uhr 12	15

1 

2 

3 

4 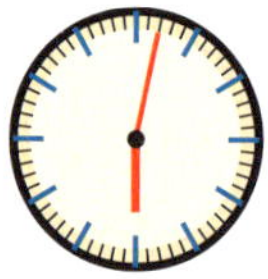

5 

6 

Wie viel Zeit ist vergangen?

Beispiel:
2 h 10 min sind vergangen.

LÖSUNG	FELD
20 min	24
45 min	3
2h 29 min	4
2h 30 min	19
8h 45 min	5
11h 58 min	8

WARTEN IST LANGWEILIG

7 

8 

9 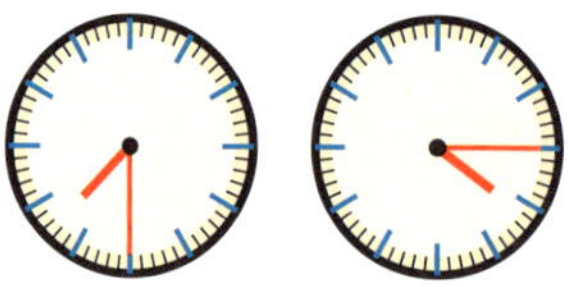

10 

11 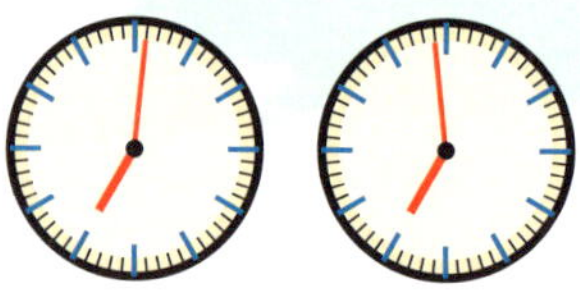

12 

Wie viele Stunden sind das?

13 2 Tage

14 eine Woche

15 360 Minuten

16 720 Minuten

17 4 Tage und 120 Minuten

18 180 Minuten

Mit der Zeit muss man rechnen

→ **Denke daran:**
Ein Tag hat 24 Stunden (h),
eine Stunde hat 60 Minuten (min),
eine Minute hat 60 Sekunden (s)!

19 In vielen Betrieben wird in 3 Schichten Tag und Nacht gearbeitet. Wie lange dauert eine Schicht?

20 Anna-Maria läuft die 50 Meter in 8 Sekunden. Wie lange würde sie für 400 Meter brauchen, wenn sie das gleiche Tempo durchhalten könnte?

21 Der Intercity-Zug „Tiziano“ braucht von Hannover bis Frankfurt 3 Stunden und 21 Minuten. Er fährt um 9 Uhr 10 in Hannover los. Wann kommt er in Frankfurt an?

22 Der Intercity-Zug „Linderhof“ fährt in Hannover um 9 Uhr 15 los und kommt in Bebra um 11.05 Uhr an. Wie lange ist er unterwegs?

23 Familie Waldheim startet um 8.07 Uhr in den Urlaub. Nach 2 Stunden und 25 Minuten macht sie die erste Pause. Wann ist das?

24 „Du hast in dieser Woche ja insgesamt 55 Stunden gearbeitet.“ „Und das in 5 Tagen.“
Wie viele Stunden sind das am Tag?

LÖSUNG	FELD
3 h	6
6 h	17
12 h	14
48 h	1
98 h	9
168 h	21
8 h	10
11 h	12
64 s	7
1 h 50 min	22
10 Uhr 32	20
12 Uhr 31	23

Wie viel Meter fehlen noch zu einem Kilometer?

1. 500 m
2. 328 m
3. 7 m
4. 808 m
5. 998 m
6. 99 m

LÖSUNG	FELD
993 m	14
901 m	18
672 m	17
500 m	9
192 m	10
2 m	1

Und wie viele Zentimeter sind das eigentlich?

7. 7 m 21 cm
8. 9 m 99 cm
9. 1 m 1 cm
10. 1 m 10 cm
11. 5 m 50 cm
12. 7 m 7 cm

LÖSUNG	FELD
999 cm	3
721 cm	5
707 cm	6
550 cm	4
110 cm	2
101 cm	13

28

Ganz schön weit

→ **Denke daran:**
1 Kilometer (km) = 1000 Meter (m)
1 Meter (m) = 100 Zentimeter (cm)

Schau hier, wie weit es ist …

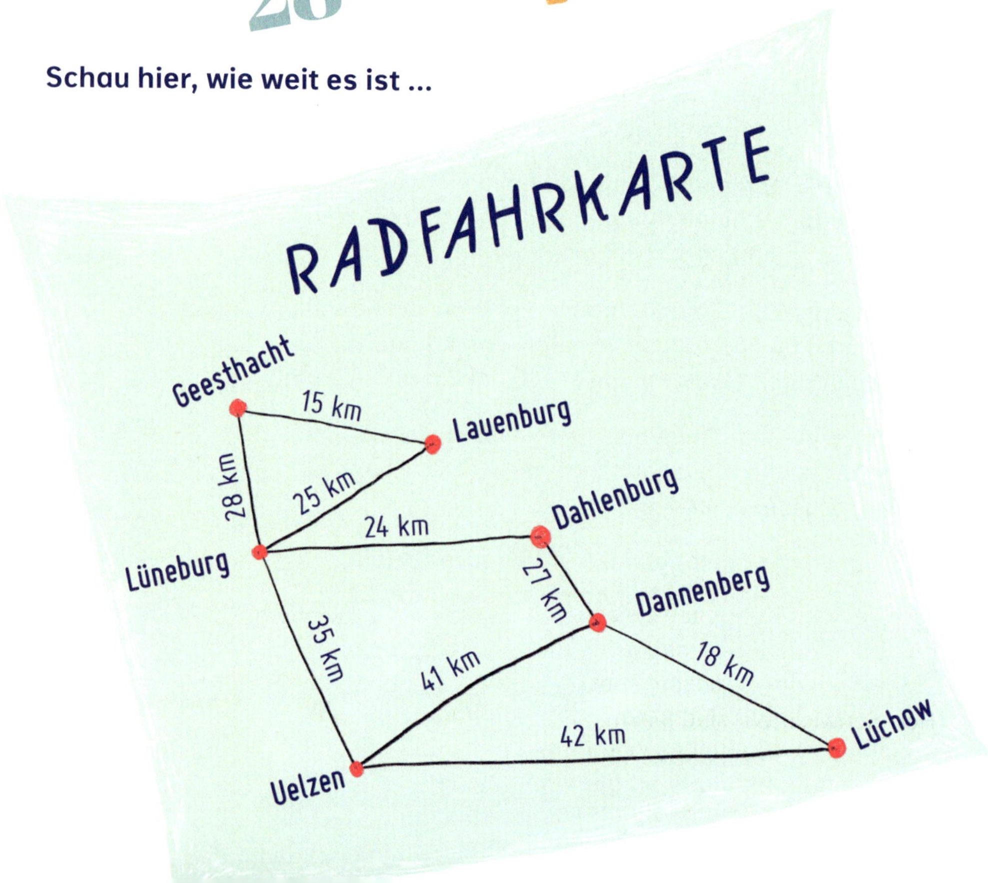

... und dann nimm den kürzesten Radweg von ...

13 ... Geesthacht nach Dannenberg.

14 ... Lauenburg nach Lüchow.

15 ... Lüneburg nach Dannenberg.

16 ... Lauenburg nach Uelzen.

17 ... Dahlenburg nach Uelzen.

18 ... Uelzen nach Geesthacht.

Wie viel Kilometer sind das?

19 Paul fährt von Lüneburg nach Lauenburg, dann nach Geesthacht und schließlich über Lüneburg nach Uelzen. Wie viel Kilometer sind das?

20 Pia wohnt in Geesthacht und fährt von Montag bis Freitag nach Lauenburg zur Arbeit. Wie viel Kilometer legt sie in einer Woche zurück?

21 Yusuf besucht von Lüneburg aus einen Freund. Als er nach Hause kommt, ist er 56 Kilometer gefahren. In welchem Ort wohnt sein Freund?

22 „Wir sind von Dannenberg aus hin und zurück 102 Kilometer gefahren.“

23 Familie Schwick hat von Uelzen aus einen Ausflug gemacht. Abends wieder in Uelzen, sagt Herr Schwick: Wir sind 84 km gefahren.“ Wo war die Familie?

24 Herr Stieghorst hat von Dahlenburg nach Uelzen 68 km zurückgelegt. Durch welchen Ort ist er gefahren?

LÖSUNG	FELD
51 km	19
59 km	11
60 km	22
63 km	20
79 km	21
94 km	23
103 km	12
150 km	15
Dannenberg	8
Geesthacht	7
Lüchow	16
Lüneburg	24

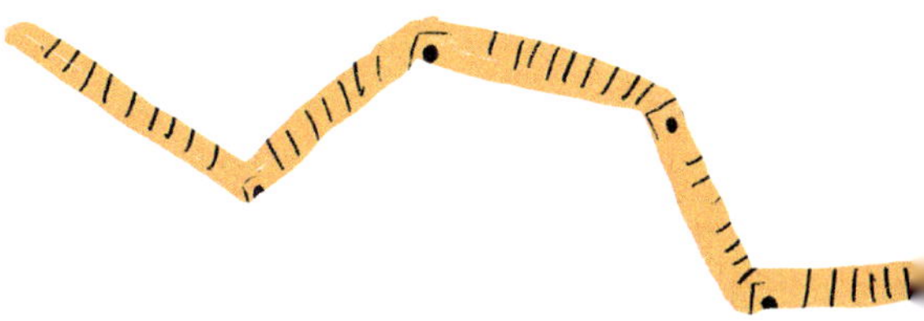

Wie viel Liter fehlen zu einem Hektoliter?

1 31 l

2 11 l

3 78 l

4 12 l

5 99 l

6 1 l

LÖSUNG	FELD
1 l	11
22 l	12
69 l	19
88 l	8
89 l	21
99 l	10

Wandle in hl um!

7 11 hl 99 l

8 7 l

9 7 hl 15 l

10 5 hl 9 l

11 100 hl 37 l

12 88 l

LÖSUNG	FELD
0,07 hl	7
0,88 hl	22
5,09 hl	24
7,15 hl	23
11,99 hl	9
100,37 hl	20

Wie viel Liter sind das?

13 0,81 hl

14 13,70 hl

15 1000 hl

16 10000,58 hl

17 77,77 hl

18 29,06 hl

LÖSUNG	FELD
81 l	1
1 370 l	3
2 906 l	18
7 777 l	15
100 000 l	5
1000 058 l	14

Beispiele:
2 hl 35 l = 2,35 hl
3 l = 0,03 hl
3 hl 1 l = 3,01 hl

30

Viel Flüssiges

→ **Denke daran:**
1 Hektoliter (hl) = 100 Liter

19 Familie Bergmann kauft eine Kiste Sprudel mit 12 Flaschen. In jeder Flasche sind 0,7 l. Wie viel Liter sind das zusammen?

20 Am Vormittag werden bei einer Ölfirma folgende Mengen bestellt: 3 000 l, 11 000 l, 6 000 l und 22 000 l. Wie viel Liter sind das insgesamt?

21 Am Kiosk werden 21 Flaschen Limo mit je 1 l Inhalt verkauft. Wie viel Liter sind das?

22 Das neue Auto von Li braucht 9 l Benzin auf 100 km. Im Urlaub fährt sie 5500 km. Wie viel Benzin verbraucht der Wagen?

23 „In diesem Jahr haben wir 12 hl Heizöl verbraucht.“ „Das sind 180 l weniger als im vorigen Jahr!“ Wie viel Liter waren es im vorigen Jahr?

24 Ein 10-jähriges Kind trinkt ungefähr zwei Liter Flüssigkeit an einem Tag. Wie viel Hektoliter sind das in einem Jahr?

LÖSUNG	FELD
21 l	17
7,3 hl	6
8,4 l	4
42 000 l	13
495 l	16
1 380 l	2

1 Fritzi kauft 12 Tennisbälle. Einer kostet 1,50 Euro. Sie bezahlt mit einem 50-Euro-Schein. Wie viel bekommt sie zurück?

2 In einen Karton passen 12 Konservendosen. Eine Dose kostet 2 Euro. Eine Großküche kauft 5 Kartons. Wie hoch ist die Ausgabe?

3 Amal besucht einen 10-wöchigen Malkurs. Für jede Woche muss er 6 Euro und einmal 10 Euro für Material zahlen. Wie teuer ist der gesamte Kurs?

4 Herr Fischer kauft eine Hose für 92 Euro. Weil der Stoff einen kleinen Fehler hat, erhält er sie 8 Euro billiger. Wie viel muss er bezahlen?

5 Coura fährt gemeinsam mit 3 Kolleginnen zur Arbeitsstelle und teilt sich mit ihnen die 36 Euro Benzinkosten für Dezember. Wie viel ist das für jeden?

LÖSUNG	FELD
2 Euro	4
9 Euro	17
12,50 Euro	23
14 Euro	14
28 Euro	1
32 Euro	9
40 Stück	6
70 Euro	12
84 Euro	10
120 Euro	7
440 Euro	3
790 Euro	20
0,20 Euro	18
3 km	22
10 cm	11
14 Stück	13
16,50 Euro	21
25 Euro	2
63 l	15
63,50 Euro	24
76 l	5
110 Euro	19
144 Euro	16
144 Stück	8

Ein echtes Durcheinander

→ **Denke daran:**
Wir Katzen sind nie schuld und es ist jetzt Zeit für Spielen und Futter!

6 Familie Knapp kauft für 340 Euro einen Esstisch und für 450 Euro fünf Stühle. Wie viel kosten die Möbel insgesamt?

7 Frau Sanio strickt einen Pullover und braucht dafür 7 Knäuel Wolle. Jedes Knäuel kostet 4 Euro. Wie teuer wird der Pullover?

8 Hanna und Tim haben eine Spülmaschine für 650 Euro bestellt und schon 210 Euro angezahlt. Wie viel muss noch bezahlt werden?

9 Bahar kauft eine Pflanze zu 4,50 Euro und 3 Rosen, das Stück zu 1 Euro. Sie bezahlt mit einem 20-Euro-Schein. Was erhält sie zurück?

10 Fritzi verschenkt an ihre Freunde 28 Kirschen und behält 12 für sich. Wie viele Kirschen hatte sie insgesamt?

11 Fee soll 6 Batterien kaufen. Eine Batterie kostet 2 Euro. Der Vater gibt ihr einen 10-Euro-Schein. Wie viel Geld fehlt ihr?

12 Im Warenhaus kauft sich Faber für 5 Euro einen Rückstrahler, für 2 Euro Ventile, für 1 Euro Bonbons und für 6 Euro eine Klingel. Wie viel Geld gibt er für sein Fahrrad aus?

13 Max und Bo sind 10-mal zusammen ins Hallenbad gegangen. Max hat jedes Mal 2 Euro Eintritt bezahlt. Bo hat mit einer Zehner-Karte 3,50 Euro gespart. Wie viel kostet die Zehner-Karte?

14 Die Schulmannschaft erhält neue Trikots, zu je 10 Euro. Wie viel gibt die Lehrerin für die 11 Spielerinnen aus?

15 Ronja sägt für einen Bilderrahmen eine 40 cm lange Holzleiste in 4 gleiche Teile. Wie lang ist eine Rahmenseite?

16 Die Klasse 3b ist am Wandertag seit 5 Stunden unterwegs und hat bisher 12 km zurückgelegt. Zweimal wurden Pausen von je 30 Minuten gemacht. Wie viel km hat die Klasse in einer Stunde geschafft?

17 Eine Katze frisst am Tag eine Dose Futter. Wie viele Dosen muss Familie Simon für eine Woche für ihre beiden Katzen besorgen?

18 Frau Grimm kauft für ein Kleid 3 m Stoff. 1 m Stoff kostet 20 Euro. Außerdem braucht sie noch Nähgarn zu 1,50 Euro und 4 Knöpfe zu je 50 Cent. Wie teuer wird das Kleid?

19 Ein Möbelgeschäft bietet einen Stuhl zu 63 Euro mit Lieferung und zu 58 Euro zum Mitnahmepreis an. Wie viel kann man beim Selbstabholen sparen, wenn man 5 Stühle kaufen will?

20 In einem Benzintank sind noch 12 l. Der Tank fasst 75 l. Wie viel Liter werden beim Volltanken zugefüllt?

21 Frau Yildiz braucht mit ihrem Wagen für 100 km 8 Liter Benzin. Im Juni ist sie 950 Kilometer gefahren. Wie viel Benzin hat sie gebraucht?

22 Frau Stieghorst hat im Urlaub 4 Filme gebraucht. Auf jedem Film sind 36 Bilder. Wie viele Fotos hat sie gemacht?

23 Für ein Regal kauft Cosima 6 Bretter zu je 16 Euro und zwei Seitenteile zu je 24 Euro. Wie teuer wird das Regal?

24 Ein Paket mit 6 Tintenpatronen kostet 1,20 Euro. Wie viel kostet eine Patrone?

LÜK

westermann

WWW.LUEK.DE

Plättchen für Plättchen zum Erfolg!

Mit dem LÜK-Kontrollgerät.

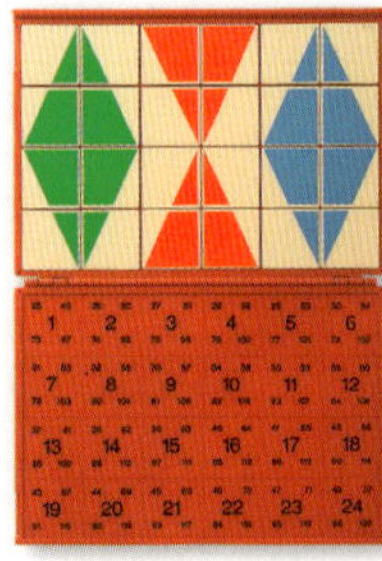

Sachrechnen ab Klasse 2

Das Heft enthält spannende Sachaufgaben aus dem Lebensumfeld der Schüler. Sie fördern das Entdecken von Lösungsstrategien und helfen bei der rechnerischen Bewältigung von Sachaufgaben. So macht Mathe Spaß!

Sachrechnen,
ab 2. Klasse
ISBN 978-3-07-240511-9

9 783072 405119